A ES
PARA DECIR AMÉRICAS

por Cynthia Chin-Lee y Terri de la Peña

ilustraciones de Enrique O. Sánchez

Versión en español de Alma Flor Ada

ORCHARD BOOKS   NEW YORK

10-00

Para Sandra Hays y Devin Chin-Lee,
que me dieron la idea.—C.C.

A la memoria de la Hermana María Guadalupe,
que me sugirió que escribiera algún día un libro
para niños.—T.D.L.P.

Para Joan—E.O.S.

Las banderas que aparecen en estas dos páginas pertenecen a los
siguientes países independientes:
PRIMERA FILA, de izquierda a derecha: Saint Kitts y Nevis, Colombia,
Dominica, Guatemala, Argentina
SEGUNDA FILA: Brasil, Nicaragua, Cuba, Paraguay, Barbados
TERCERA FILA: Jamaica, Estados Unidos, El Salvador, Guyana, Perú
CUARTA FILA: México, Ecuador, Santa Lucía, Uruguay, Bahamas
QUINTA FILA: República Dominicana, Canadá, Costa Rica, Trinidad y
Tobago, Chile
SEXTA FILA: Venezuela, Antigua y Barbuda, Belice, Granada, San Vicente y
las Islas Granadinas
SÉPTIMA FILA: Surinam, Bolivia, Haití, Panamá, Honduras

Nota: Algunas tierras de las Américas son países dependientes. Estos son:
Anguila, Aruba y las Antillas Holandesas, Guadalupe, Guayana Francesa,
Islas Caimanes, Islas Turks y Caicos, Islas Vírgenes Americanas, Islas
Vírgenes Británicas, Martinica, Montserrat, Puerto Rico, San Eustacio y
San Martín.

Orchard Books, A Grolier Company
95 Madison Avenue, New York, NY 10016

Manufactured in the United States of America
Printed and bound by Phoenix Color Corp.
Book design by Mina Greenstein
The text of this book is set in 15 point Baker Signet.
The illustrations are acrylic and gouache paintings.
10 9 8 7 6 5 4 3 2 1

Library of Congress Cataloging-in-Publication Data
Chin-Lee, Cynthia. [A is for the Americas. Spanish]. A es para decir
Américas / por Cynthia Chin-Lee y Terri de la Peña ; ilustraciones de
Enrique O. Sánchez ; versión en español de Alma Flor Ada. p. cm.
Summary: An alphabetical introduction to the history, geography, and
culture of the Americas, using Spanish text.
ISBN 0-531-07134-0 (pbk. : alk. paper)
1. America—Miscellanea—Juvenile literature. 2. Spanish language—
Alphabet—Juvenile literature. 3. English language—Alphabet—
Juvenile literature. [1. America. 2. Alphabet. 3. Spanish language
materials.] I. Peña, Terri de la, date. II. Sánchez, Enrique O., date, ill.
III. Title. E18.7.C4818 1999 970—dc21 99-12357

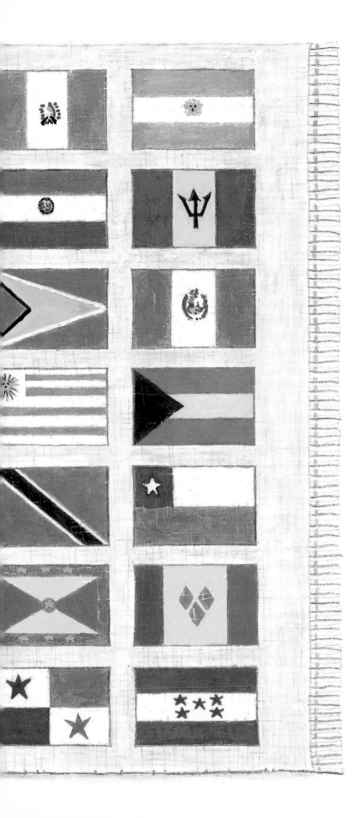

Sobre las Américas y sus idiomas

Aunque a los ciudadanos de los Estados Unidos se les llama con frecuencia "americanos", el término "americano" corresponde a todos los pueblos del Nuevo Mundo. Esta región del planeta incluye treinta y cinco naciones y trece países dependientes en la América del Norte, la América Central, Sudamérica y el Caribe. Las naciones incluyen a México, Canadá, Perú, la Argentina y el Brasil; los países dependientes incluyen, por ejemplo, a Puerto Rico (Estados Unidos), las Islas Vírgenes (Estados Unidos), las Islas Vírgenes (Gran Bretaña), Aruba (Holanda) y Martinica (Francia). Toda el área al sur de los Estados Unidos—desde México hasta el Cabo de Hornos e incluyendo a las islas del Mar Caribe—se considera la América Latina.

El idioma más hablado en las Américas es el español, que se habla en la mayor parte de la América Central y Sudamérica, en México, en partes del Caribe y en muchas áreas de los Estados Unidos. En los Estados Unidos, Canadá y Jamaica, el inglés es el idioma que se habla con más frecuencia, mientras que en Haití, Guadalupe, Martinica, la Guayana Francesa y partes del Canadá se habla francés. El portugués es el idioma oficial del Brasil y el holandés el idioma oficial de Surinam.

Se estima que en la época de Colón se hablaban más de dos mil idiomas indígenas. Los idiomas indígenas de las Américas se dividen en once grandes grupos: lenguas americanas ártico-paleo siberianas; lenguas andino-ecuatoriales, lenguas azteco-tano, gepano-caribe, hokan, macro-algonquinas, macro-chibchas, macro-otomagueas, macro-siux, na-dene y penutian.

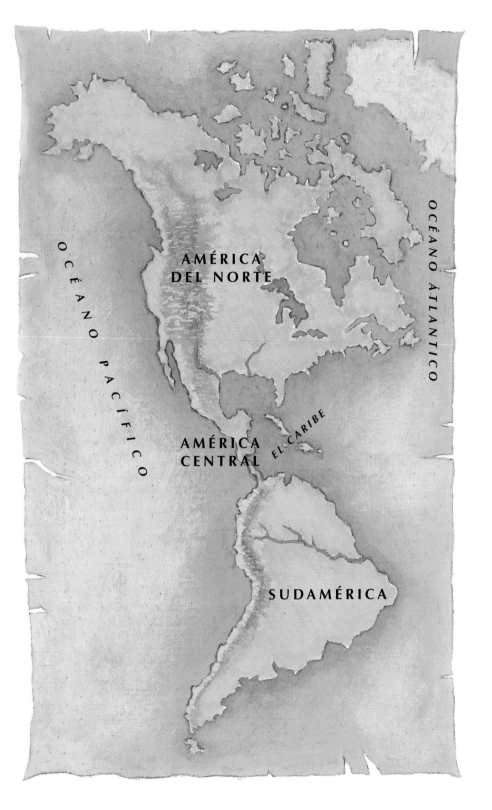

A es para las Américas, del Norte, del Centro y del Sur. A las Américas se las llama el Nuevo Mundo y son más jóvenes que Asia, Europa o África. Los primeros habitantes de las Américas vinieron de Asia a pie o en botes. A estos primeros americanos se les llama indígenas de las Américas o indios americanos. Miles de años después vinieron gentes de otras tierras.

Las Américas tienen la cadena de montañas más larga del mundo, los Andes, que se extienden desde Panamá y Venezuela hasta el Cabo de Hornos y el río y la selva más grandes del mundo, el río Amazonas y la Amazonia. La sorprendente Amazonia, "los pulmones de la Tierra", genera aproximadamente la tercera parte del oxígeno del mundo y en ella viven mil quinientas especies distintas de aves.

B es para bisonte, al que también se le llama búfalo. Por cientos de años, los pueblos indígenas, como los siux de Lakota, siguieron a estos animales enormes y peludos por las grandes praderas de la América del Norte. Comían carne de bisonte y usaban las lanudas pieles como abrigo. El mayor rebaño de bisontes de nuestros días habita en el Parque Nacional Wood Buffalo en Canadá.

C es para carnaval, una fiesta de gran alegría. Los danzantes vestidos con trajes de disfraces desfilan por las calles de Río de Janeiro y otras ciudades principales de Sudamérica así como por las de Nueva Orleáns, Luisiana, donde a esta festividad se la conoce como Mardi Gras. El carnaval termina en el último día antes de que comience la cuaresma, el período de cuarenta días antes del Domingo de Resurrección.

D es para el Día de los Muertos, una celebración importante a través de todo el mundo hispánico. Las familias mexicanas decoran los cementerios con papel de colores y brillantes flores de cempasúchil. Para recordar y celebrar a sus seres queridos, las familias rezan en las tumbas y comparten los alimentos preferidos de los difuntos. En algunas regiones, los niños usan caretas de calaveras y compran calaveras de dulce.

E es para empanada, ya sea de carne aderezada, de vegetales o de frutas. Las empanadas son una especialidad centroamericana, aunque también se comen en Chile, la Argentina y Cuba. Pueden ser menudas, empanaditas, o grandes como un pastel, empanadas gallegas. Las empanadas pueden ser toda una comida, un aperitivo o un postre.

F es para fútbol, un deporte popular en todo el mundo, especialmente en algunos países de la América Latina, cuyos equipos han sido campeones mundiales. El fútbol, que en los Estados Unidos se conoce como *soccer*, se juega entre dos equipos de once jugadores cada uno. Cada equipo trata de conseguir que la pelota entre en la portería del equipo contrario, y para ello los jugadores utilizan cualquier parte del cuerpo excepto las manos y los brazos.

G es para gaucho, el vaquero de las pampas, las llanuras argentinas. Para enlazar a una res, el gaucho lanza las boleadoras, un largo lazo de cuero con tres bolas de piedra en los extremos. Las boleadoras vuelan por el aire, se enredan en las patas de la res y la detienen sin lastimarla.

H es para horchata, una bebida refrescante hecha de nueces o granos y endulzada con azúcar y canela. La horchata puede tener distintos sabores como horchata de arroz y horchata de almendras. La horchata, originaria de España, se disfruta hoy en día a través de las Américas especialmente en la América Central, México y el Caribe.

I es para iglú, el hogar de los *inuits*, o esquimales, de la América del Norte. En el verano, los iglús pueden ser tiendas cubiertas de pieles; en el invierno, pueden ser casas hechas de piedra, madera, tierra o hielo. Los iglús en forma de domo, hechos de hielo, son comunes en el Canadá. La entrada está a un nivel más bajo que el suelo, para que el aire caliente del interior no se escape. Las paredes se cubren de pieles para mantener el calor. Y la luz entra por unas aberturas en la parte superior.

J es para jalapeño, un chile verde muy picante. Su nombre deriva de Jalapa, la capital de Veracruz, en México. Es muy popular en las comidas de origen mexicano y las del suroeste de los Estados Unidos.

K es para kayac, una pequeña canoa impermeable. Los primeros kayacs, creados por los *inuits*, tenían una armazón de madera liviana. Estaban cubiertos de pieles, con una pequeña abertura al centro y se los usaba para cazar y pescar. El kayac ha sido adaptado para utilizarlo en los deportes acuáticos modernos y es parte de muchos eventos en las Olimpíadas de verano.

L es para el lago Titicaca, el lago navegable más alto del mundo. Este lago brilla a una altura de más de doce mil pies (tres mil ochocientos metros) sobre el nivel del mar, en la frontera entre el Perú y Bolivia. Una de las islas en medio del lago, la Isla del Sol, tiene hermosas cuevas y playas de arena blanca. Una leyenda incaica dice que fue en esa isla donde nació el poderoso sol.

M es para maíz, que recibió su nombre de los taínos. Durante miles de años, el maíz ha sido el alimento básico de los pueblos indígenas de las Américas. Pueblos indígenas agricultores, desde la Arizona moderna hasta Nicaragua, siembran maíz para alimentarse y para intercambiar el excedente por otros productos necesarios. Para hacer tortillas, los indígenas pelan el maíz y lo muelen en un metate, una piedra especial que sirve para este propósito. Celebran la cosecha del maíz con ceremonias religiosas y bailes.

N es para las cataratas del Niágara, una tumultuosa montaña de agua. Las cataratas del Niágara, que se encuentran en la frontera entre Ontario, Canadá, y el estado de Nueva York, en los Estados Unidos, tienen cerca de doscientos pies de altura (61 metros) y dejan caer 20 millones de galones (75,6 millones de litros) de agua por minuto. En el pasado, algunos aventureros se lanzaron por las cataratas dentro de barriles de madera, casi siempre con resultados desastrosos. Cada año millones de visitantes pasean en bote al pie de las cataratas para disfrutar de su húmedo esplendor.

O es para ocelote, cazador nocturno de la selva. El ocelote, cubierto de una piel de franjas oscuras, es un trepador y corredor excepcional. Los ocelotes habitan desde Texas hasta la Argentina. Se alimentan de pájaros, reptiles y mamíferos pequeños.

P es para posada, que quiere decir albergue. En México y en otros países de las Américas, existe la tradición de representar Las Posadas durante nueve noches antes de Navidad. Un grupo de familiares y amigos representan a María y José, los padres del niñito Jesús, durante su viaje a Belén y cantan y piden posada, frente a una casa distinta cada noche. Dentro de la casa otro grupo de amigos y familiares representan al posadero que les niega albergue. La última noche, los de adentro abren la puerta y reciben a los peregrinos. Luego todos comen juntos y rompen una piñata. Aunque la celebración de Las Posadas sigue siendo muy popular, hoy en día es más común que ocurra en una iglesia o una escuela y que dure sólo una noche.

Q es para quetzal, un pájaro tropical apreciado por sus llamativas plumas de color azul y verde. El quetzal vive en las tierras altas de Guatemala y se distingue por sus colores brillantes y las largas plumas de su cola. Los toltecas adoraban a Quetzalcóatl, dios del viento y la sabiduría, al que representaban como una serpiente cubierta de plumas de quetzal.

R es para Rio Grande o Río Bravo, como se le llama en México. Este río, que hoy marca la frontera entre los estados del suroeste de los Estados Unidos y los estados del norte de México, nace en las montañas de San Juan al suroeste de Colorado, fluye por el Parque Nacional Big Bend en Texas hasta desembocar en el Golfo de México. Aunque el Rio Grande separa a los Estados Unidos y México, es una riqueza natural compartida por ambos países a los que provee de un recurso tan necesario como es el agua.

S es para salsa, la música cubana salerosa, con ritmo de jazz, que combina ritmos españoles y africanos. Los bailarines se contonean al ritmo de la conga, se balancean con la vibración de la trompeta, y bailan cha-cha-chá al compás de los tambores. En la congestionada sala de baile, las parejas se agachan, giran y se entrelazan en una serie interminable de vueltas y giros. Los ritmos de la salsa se encuentran también en la música de otros países latinos.

T es para tótem, el tronco de árbol que cuenta una historia. Los artistas del pueblo *Tlingit* de Alaska y la Columbia Británica, tallan y pintan tótems, siluetas de animales y personas, en postes de cedro. Los *tlingits* no veneran sus tótems. Los utilizan para recontar la historia de su clan y sus leyendas. Algunas de las caras que se ven en los tótems son de cuervos, águilas, búhos y osos—los animales que representan a los distintos clanes.

U es para *uakari,* en español guacarí, un mono poco común, en peligro de extinción, de la selva amazónica. Los guacaríes son monos pequeños de rabo corto y cara lampiña. Se sonrojan cuando se excitan. Viven en pequeños grupos en las ramas más altas de la bóveda de la selva amazónica. Algunas veces, los indígenas de la Amazonia los domestican.

V es para *Voudú* o vudú, un estilo de vida propio de Haití, donde es no sólo una religión de raíces africanas y católicas, sino también un modo de vida. Los terratenientes coloniales vieron la expansión del vudú entre los esclavos como una amenaza a su autoridad y trataron de destruirlo. La persecución del vudú tuvo gran influencia en la revolución de esclavos que llevó a la formación de la República de Haití en 1804. El pueblo haitiano de hoy continúa mediante el canto, la danza y los tambores su búsqueda de la libertad, fe y tolerancia en tradiciones de vudú antiguas y modernas.

W es para *wampum*, cuentas hechas de conchas pulidas. Los indígenas norteamericanos utilizaban sartas de estas cuentas como moneda, joyas y como constancia de los tratados.

X es para *Xangó,* en español, Changó, dios del trueno. Changó es uno de los dioses del *candomblé,* una mezcla de religiones africanas que se practican en el Brasil. En las fiestas del *candomblé,* los creyentes se visten como diosas y dioses, la familia real, de sus raíces africanas.

Y es para Yucatán, una península del Golfo de México. A Yucatán se lo conoce por sus enormes pirámides construidas por los antiguos mayas. La más famosa es la de Chichén Itzá. En su observatorio en Yucatán, los mayas estudiaron los planetas y las estrellas, y crearon un calendario preciso que podía predecir los eclipses de Sol y de Luna.

Z es para *zuñi*, un grupo indígena de Nuevo México. Los *zuñi*, que viven en villas de adobe llamadas pueblos, son magníficos artesanos. Hacen joyas de plata y turquesa y tallan pequeños fetiches de piedra en forma de osos, cuervos y tortugas del desierto. En las ceremonias religiosas, los hombres del pueblo *zuñi* usan trajes y máscaras de vistosos colores para representar a las *kachinas*, los espíritus de la naturaleza.

En el alfabeto de la lengua española hay tres letras que no aparecen en el alfabeto de la lengua inglesa. Son la Ch, la Ll y la Ñ.*

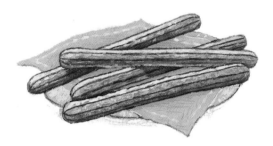

Ch es para churros. Los vendedores callejeros de Latinoamérica venden esta golosina deliciosa en sus carritos en los mercados y las ferias. Mezclan harina, agua y sal y exprimen la masa de una manga de pastelero a una tina con aceite hirviendo. En unos segundos sacan del aceite un churro dorado y crujiente y lo espolvorean con azúcar en polvo.

Ll es para llama, una prima americana del camello. A las llamas, que son originarias de los Andes, la cordillera sudamericana, se las utiliza como animales de carga. Su lana abundante se usa para mantas y suéters.

Ñ es para ñandú, el ave mayor de las Américas. El ñandú parece un avestruz pequeño. El ñandú, que mide unos cinco pies (1,5 metros) de alto, habita en Brasil, Uruguay, Paraguay y Argentina. El ñandú macho es un buen padre. Crea un nido escarbando un hueco en la tierra y cubriéndolo con hierbas. Después que la hembra pone los huevos, el macho los empolla y cuida de los pequeños ñandúes.

* Las letras Ch y Ll dejarán de considerarse letras independientes del alfabeto de la lengua española en el año 2000.